Dr. Antonia
Cervinski-Querenburg

"Daaf ich Sie die Foote küssen?"

Ruhrdeutsch mit der
bekannten Sprachforscherin
- von Rainer Bonhorst -
Band 2

Illustrationen:
Frank Cerny und Klaus Pielert

HENSELOWSKY
BOSCHMANN

Gestaltung:
Almud Bonhorst
Illustrationen:
mit freundlicher Genehmigung von
Klaus Pielert
(Titelzeichnung; S. 5, 7, 11, 17, 21, 23,
25, 31, 35, 39, 45, 49, 51, 57, 61, 71,
73, 75, 79)
Frank Cerny
(S. 9, 13, 15, 19, 27, 29, 33, 37, 41, 43,
47, 53, 55, 59, 63, 65, 67, 69, 77)
Druck:
Offizin Anderson Nexö, Leipzig

Kiek ut 20, 45359 Essen
1. Auflage, September 1994
ISBN 3-922750-22-2

Rainer Bonhorst,
Jahrgang 1942, geboren in Nürnberg,
wo die Footen Finger heißen,
aufgewachsen in Essen, hat Dr. Antonias
Sprachglossen als Redakteur für die
Westdeutsche Allgemeine Zeitung
geschrieben.
Rainer Bonhorst veröffentlichte im Verlag
Henselowsky Boschmann bereits den
ersten Band von Dr. Antonias
Ruhrdeutsch-Lektionen unter dem Titel
»Daaf ich ma am Rotkohl«.

Inhalt

Vorwort

Reporter	Frau Dr. Antonia Cervinski-Querenburg, sind Sie das Ruhrdeutsch denn immer noch nicht leid?
Dr.Antonia	Wollnse vleicht, dat ich bayerisch reden tu? Wat dann passiert, könnse auf Seite 78 lesen: Dr. Antonia ihr letztet Interju.
Reporter	Nun wollen wir nicht gleich mit Ihrem letzten Interview anfangen. Schließlich haben Sie auf echt Ruhrdeutsch noch einiges zu bieten.
Dr.Antonia	Dat wär ja selzam, wennze in son Ruhrdeutsch-Buch nix Ruhrdeutschet drin hätts. Kucken Se lieber auf Seite 16: Dr. Antonia und dat selzame Wennze.
Reporter	Das seltsame Wennze? Das klingt ja stark nach Grammatik. An der Ruhr wird aber doch wohl nicht nur gebüffelt. Da genießt man, wie ich höre, auch die Freizeit.
Dr.Antonia	Die Freizeit? Die is anne Ruhr zu Hause. Und darum is dat Ruhrdeutsch sonne richtige Freizeit-Sprache. Können Se auf Seite 8 lesen: Dr. Antonia is am Rasen am mähen.
Reporter	Ja, was denn nun? Am rasen oder am mähen?
Dr.Antonia	Am im Gaaten aabeiten.
Reporter	Und das nennen Sie ruhrdeutsch?
Dr.Antonia	Jau, dat nenn ich dat. Is ne uralte Sprache. Kucken Se ma auf Seite 18: Dr. Antonia und dat Urruhrdeutsch.

Reporter	Urruhrdeutsch? Langsam wird es mir aber zu bunt!
Dr.Antonia	Wat Buntet wollnse? Können Se haben. Auf Seite 28: Dr. Antonia und dat Rosane.
Reporter	Etwas Rosanes? Klingt ja schrecklich. Dann gibt es wahrscheinlich auch etwas Lilanes!
Dr.Antonia	Hamse wat gegen Faaben? Wie wär et mit en paar schöne Tönkes? Seite 36: Dr. Antonia und die Kolleratur.
Reporter	Frau Dr. Antonia Cervinski-Querenburg, lassen wir den Vorhang fallen, ehe Sie zu jodeln anfangen.
Dr.Antonia	Seite 78: Hollodrio, driö, hüllü.

Dr. Antonia und die Köttelbecke

Reporter	Frau Dr. Antonia Cervinski-Querenburg, wenn man sich so das Ruhrgebiet anschaut, den blauen Himmel, das viele Grün, da verschlägt es einem glatt die Sprache.
Dr.Antonia	Wollnse mich om Aam nehm?
Reporter	Ich meine nur: Die schönen Veränderungen müssen doch auch die Ruhrgebietssprache schöner machen.
Dr.Antonia	Weil et keine Köttelbecke mehr gibt? Finden Se dat schöner?
Reporter	Für die Nase ist es sicherlich angenehmer.
Dr.Antonia	Ja, aber das Ohr hört auch mit. „Is unser Änne widder anne Köttelbecke rum am jückeln?“ Das waren noch Sätze. Früher. Heute würde man sagen: Anna is bei sonne Begehung vonne Emscherzone mit am machen.
Reporter	Das klingt doch auch nicht schlecht.
Dr.Antonia	Ja, aber nich so deftig wie dat mitti Becke.
Reporter	Finden Sie, daß das Ruhrdeutsch zu vornehm wird?
Dr.Antonia	Na ja, vornehm. Es sagt eben keiner mehr: Äy, du nassen Sack. Dat hattich wohl orntlich om Kürbis geplästert, wa.
Reporter	Sondern? Was sagt man heute?
Dr.Antonia	Zum Beispiel: Mich scheint, du bis im Regen gekomm.
Reporter	Im Regen?
Dr.Antonia	Oder am regen. Wenn ich mich dich so ankuck, hab ich dat Gefühl, et is am regen.

Reporter	Nicht: am regnen?
Dr.Antonia	Am reechnen geht auch. Aber am regen is ne Spur vornehmer.
Reporter	Aber richtig vornehm ist doch das heutige Ruhrdeutsch auch nicht.
Dr.Antonia	Nich richtig vornehm. Aber irnxwie gefleechter wie früher.
Reporter	Sogar an der Emscherzone?
Dr.Antonia	Und ob. Dat Gefleechte is überall in. Da musse nich anne feine Ruhr fahn, damit einen zu dich sacht: Daaf ich Sie die Foote küssen, Frau Doktor?
Reporter	Frau Dr. Antonia Cervinski-Querenburg, auch ich möchte Sie zum Abschied dat Händken küssen.

Dr. Antonia is am Rasen am mähen

Reporter	Frau Dr. Antonia Cervinski-Querenburg, sind Sie bei dem schönen Wetter überhaupt zu Ihren Sprachstudien gekommen?
Dr.Antonia	Ich war am Rasen am mähen. Und Sie ahnen gaa nich, wat se so allet studieren können, wenn se am Rasen am mähen sind. Zum Beispiel dat doppelte „am".
Reporter	Das Mähen muß ja ziemlich harte Arbeit gewesen sein, wenn Sie gleich zweimal das „am" am sagen sind.
Dr.Antonia	Da hat wochenlang keiner was dran getan.
Reporter	Am Rasen?
Dr.Antonia	Wattenn sonz! Vleicht am am?
Reporter	Warum nicht. Wir reden hier ja schließlich über das Ruhrdeutsch.
Dr.Antonia	Stimmt. Darum sollten wir uns überlegen, wiso dat bei uns „am" heißt und nicht „annen".
Reporter	Annen?
Dr.Antonia	Warum nich? Uns im Revier is den vierten Fall doch viel lieber als der dritte. Aber unser liebet „am" ist der dritte Fall. Den vierten Fall von „am" wär „annen". Oder „an dat".
Reporter	Wie soll das denn gehen? Ich war annen mähen?
Dr.Antonia	Quatsch. Annen Rasen.
Reporter	Und an dat Mähen?
Dr.Antonia	Richtig. Ich war annen Rasen an dat Mähen.

Reporter	Klingt höllisch.
Dr.Antonia	Finde ich auch. Schlimmer als das „bein“.
Reporter	Was für ein Bein?
Dr.Antonia	Dat is auch en vierten Fall.
Reporter	Der vierte Sturz? Kein Wunder, daß Sie was am Bein haben.
Dr.Antonia	Herr Reporter, seien Se nich albern. Ich mein en anderet „bein“. Nämmich dat „bein“ in den Satz: Ich war gerade bein Rasenmähen.
Reporter	Gefällt mir auch nicht.
Dr.Antonia	Mir auch nicht. Da ist mir der Arm lieber als das Bein.
Reporter	Welcher Arm?
Dr.Antonia	Der von vorhin. Ich waa aam Rasen aam mähen.
Reporter	Frau Dr. Antonia Cervinski-Querenburg, wenn ich Sie noch länger zuhör, bin ich auch am rasen. Aber nich am mähen.

Dr. Antonia feiert Finxten

Reporter	Frau Dr. Antonia Cervinski-Querenburg, wie kommt es, daß man im Ruhrgebiet die Frühlings-Feiertage so besonders fröhlich feiert?
Dr.Antonia	Meinse wegen den Vattertach und sonne Sachen?
Reporter	Ja, sonne Sachen.
Dr.Antonia	Dat liecht an unsere Vätters. Wenn die am feiern sind, sinze am feiern. Da kommt die nix zwischen.
Reporter	Und es stört niemanden, daß der Vatertag ja eigentlich der Himmelfahrtstag ist?
Dr.Antonia	Höchstens en bißken. Aber so is dat nu ma bei uns. Der Himmelfahztach hat anne Ruhr ehmt ne echt deftige Note.
Reporter	Werden die anderen Feiertage denn besinnlicher begangen?
Dr.Antonia	Meinse etwa Finxten?
Reporter	Zum Beispiel.
Dr.Antonia	Finxten is picknicken dran. Wegen die freien Tage und dat Wetter.
Reporter	Wegen dem Wetter? Ich habe den Eindruck, daß es mal wieder regnet.
Dr.Antonia	Ehmt. Kein Picknick ohne en orntlich Schäuerken. Liecht an dat schöne Wetter vorher.
Reporter	Wieso?
Dr.Antonia	Kennse doch, wie so en Picknick geplant wird. Ers muß ma die Sonne en paa Tage scheinen. Dann läätzese alle ein. Dann

kommse alle mitti Picknickkörbskes. Dann fängtet am regnen. Und dat is Finxten.

Reporter — Aber Pfingsten ist ja nicht der letzte Feiertag. Da kommt doch noch einer.

Dr.Antonia — Meinse diesen frohen Leichnam?

Reporter — Wie bitte? Also, Frau Doktor, ich muß schon bitten. Wenn Sie damit Fronleichnam meinen, bewegen Sie sich hart am Rande des geschmacklich Erträglichen.

Dr.Antonia — Hauptsache, wir wissen, wat fürn Feiertach gemeint is. Gednfallz hoff ich, dat an den Tach die Sonne scheint. Weil dann ziehtet die Leute raus im Grünen.

Reporter — Frau Dr. Antonia Cervinski-Querenburg, diesma hamwer gaa nich über et Ruhrdeutsch gequasselt, sondern nur über de Feiertage. Ich weiß auch wiso: Weil anne Ruhr an son Feiertach auch die Sprachprobleme am blau machen sind.

Dr. Antonia und der olle Mottek

Reporter	Frau Dr. Antonia Cervinski-Querenburg, warum haben Sie eigentlich nie den polnischen Einfluß auf die Ruhrgebietssprache erwähnt?
Dr.Antonia	Reden Se doch nich son Kokolores.
Reporter	Ah, Kokolores! Ist das vielleicht polnisch?
Dr.Antonia	Quaak. Kokolores is doch kein Polnisch. Hört sich eher spanisch an.
Reporter	Quaak ist wohl auch nicht polnisch, oder?
Dr.Antonia	Watten Stuß! Wie kommen Se überhaupz auf dat Polnische?
Reporter	Na, weil doch so viele Polen ins Ruhrgebiet gekommen sind.
Dr.Antonia	Na klaa, dat is ja auch schön. Sonz hätten die früher beie Mannschaftsaufstellung von Schalke nich so viel Spaß gehabt.
Reporter	Wollen Sie etwa behaupten, daß an der Reviersprache überhaupt nichts polnisches dran ist?
Dr.Antonia	Gednfallz nich viel. Ich kenn eintlich nur den ollen Mottek.
Reporter	Wer ist das denn?
Dr.Antonia	Den Mottek? Kennse nich? Der is für zum Nägel inne Wand kloppen.
Reporter	Ein Schreiner? Ein Bauarbeiter?
Dr.Antonia	Nää, en Hammer, der aus Polen kommt.
Reporter	Ein einziger Hammer? Mehr polnisches gibt es in der Reviersprache nicht?
Dr.Antonia	Gednfallz nich viel mehr. Den meisten Trallafitti mitti Grammatik anne Ruhr is original deutsch.

Reporter	Trallafitti? Wenn Kokolores spanisch ist, muß Trallafitti ja wohl italienisch sein?
Dr. Antonia	Dat ham Sie gesacht. Mich geht et nur um den Trallafitti mitti Grammatik.
Reporter	Zum Beispiel?
Dr. Antonia	Zum Beispiel, dat sich den Beschallerten beim Nägel inne Wand kloppen mitten Mottek aufe Knochen gedonnert hat.
Reporter	Und wo ist da der Kokofitti?
Dr. Antonia	Na, dat Nägelinnewandkloppen. Ein Wort. Onnoch en Haupzwort. Dat Nägelinnewandkloppen. Dat is fast so schlimm wie dat Sichmittenmottekaufeknochendonnern.
Reporter	Frau Dr. Antonia Cervinski-Querenburg, wir sollten aufhören, bevor das Gespräch noch schmerzhafter wird.

Dr. Antonia lernt bayerisch

Reporter	Frau Dr. Antonia Cervinski-Querenburg, in Bayern waren Sie? Ja, hat sich das denn sprachlich gelohnt?
Dr.Antonia	Durchaus.
Reporter	Haben Sie etwa herausgefunden, daß Bayerisch mit der Ruhrsprache eng verwandt ist?
Dr.Antonia	Im Gegenteil.
Reporter	Wieso im Gegenteil?
Dr.Antonia	Ich hab rausgefunden, dattat watti da so reden, mittat wat wir hier so reden, nix zu tun hat.
Reporter	Och. Nix? Ährlich?
Dr.Antonia	Ährlich. Kann ich beweisen.
Reporter	Ich bitte darum.
Dr.Antonia	Und zwar mit einem Satz, den ein Bayer zu mir gesagt hat.
Reporter	Heraus mit dem Satz.
Dr.Antonia	Hait wanni mei ABS net ghabt hät, hät's mi fei sauber derbreselt.
Reporter	Aha, und da denken Sie gleich an saubere Brösel und an eine Bäckerei.
Dr.Antonia	Nein. Ich habe einen Kenner gefragt, und der hat mir die Sache in reines Ruhrdeutsch übersetzt.
Reporter	Und was hat er zu Ihnen gesagt?
Dr.Antonia	Nää du, wat den Dösigen da mit sein schnellen Schlitten om Putz am hauen is, könnze glatt ausse Haut fahn.
Reporter	Das ist reines, aber erstaunliches Ruhrdeutsch.

Dr.Antonia	Wieso finden Se dat staunlich?
Reporter	Weil ich den Satz anders übersetzt hätte.
Dr.Antonia	Hait wanni mei ABS net ghabt hät, hät's mi fei sauber derbreselt?
Reporter	Genau!
Dr.Antonia	Und wie würden Sie das übersetzen?
Reporter	Nää do, watten Glück, dat ich diese töfte Bremse an meine Karre hab. Sonz könnze mich gezz irnxwo mitten Spachtel abkratzen.
Dr.Antonia	Alle Achtung, Herr Reporter. Ihr Ruhrdeutsch wird immer besser. Aber von Bayerisch haben Sie keinen Schimmer.
Reporter	Frau Dr. Antonia Cervinski-Querenburg, ich danke Ihnen für dieses Kompliment. Pack mer's?
Dr.Antonia	Wie bitte?
Reporter	Ziehnwer Leine?
Dr.Antonia	Jau äy.

Dr. Antonia und dat selzame Wennze

Reporter — Frau Dr. Antonia Cervinski-Querenburg, jede Sprache muß gewisse Worte und Gewohnheiten haben, die den anderen seltsam vorkommen …

Dr.Antonia — Mit wat Selzamet kann ich Sie dienen. Wat wollnse ers? Kniffige Wörters oder eigenaatige Gewohnheiten?

Reporter — Wörters.

Dr.Antonia — Kniffig. Is schon son kniffiges Wort. Bedeutet soviel wie eigenaatig. Hat nix mit Knifte zu tun. Knifte is auch en kniffiges Wort. Is sonne Aat Stulle. Für wennze Schmacht hass …

Reporter — … Sch…

Dr.Antonia — … Schmacht. Is auch son Dingen. Tut Hunger heißen. Ne Knifte nimmse mit, wennze noch kein Schmacht hass, aber einen kriss …

Reporter — … Kni…

Dr.Antonia — Sonne Knifte ist für die Rotzigen …

Reporter — … Rotz…

Dr.Antonia — … die Rotzigen. Kennse doch. Die Koten. Sind ewig Bütterkes am mampfen.

Reporter — Danke, das war eigenartig genug.

Dr.Antonia — Gednfallz für Wörters. Und wie is dat gezz mitti selzame Gewohnheiten?

Reporter — Eine genügt.

Dr.Antonia — Dann nimm ich dat „wennze".

Reporter — Dat wennze?

Dr.Antonia — Kennze doch. Dat is en wenn mitten Zet. Und gezz sarrich Sie, wo dat Zet herkommt.

Reporter	Ja, woher denn?
Dr.Antonia	Von nirnxwo.
Reporter	Wieso nirnxwo?
Dr.Antonia	Weil dat von „wenn du“ kommt. Im „wenn du“ gibt et kein Zet. Darum kommt dat Zet von nirnxwo.
Reporter	Verstehe.
Dr.Antonia	Genau. Wie dat S von opse.
Reporter	Opse?
Dr.Antonia	Ja. Dat opse kommt ja nich von „obst du“, sondern von „ob du“, opse dat glaups oder nich.
Reporter	Glaups. Noch so ein S. Kommt das auch von nirnxwo?
Dr.Antonia	Nää, dat kommt von irnxwo. Nämmich von „glaubst“.
Reporter	Frau Dr. Antonia Cervinski-Querenburg, ich glaups bald überhaupz nix mehr.

Dr. Antonia und dat Urruhrdeutsch

Reporter	Frau Dr. Antonia Cervinski-Querenburg, wie tief reicht die Ruhrgebietssprache eigentlich in die Geschichte zurück?
Dr.Antonia	Sehr tief. Anne Ruhr und anne Emscher ham die Leute schon vor Tausende von Jahre gesprochen.
Reporter	Tatsächlich?
Dr.Antonia	Zum Beispiel den Kerl mitti Vogelheimer Klinge. Dat musso inne Steinzeit gewesen sein.
Reporter	Wollen Sie behaupten, daß der schon Ruhrdeutsch gesprochen hat?
Dr.Antonia	Nich direkt. Von den Typ is ja nur die olle Klinge übergeblieben.
Reporter	Eben. Kein Hinweis auf ruhrdeutsche Laute.
Dr.Antonia	Aber vorstellen kann man sich dat doch.
Reporter	Wie der damals gesprochen hat?
Dr.Antonia	Klaa.
Reporter	Wie denn?
Dr.Antonia	Zimmich einfach. Waascheinlich nur so kurze Zurufe.
Reporter	Ja, welche denn?
Dr.Antonia	Hömma, kumma, komma, samma, mamma, tuma. Oder so ähnlich.
Reporter	Kommt mir irgendwie bekannt vor.
Dr.Antonia	Mich auch.
Reporter	Und später? Im Mittelalter?
Dr.Antonia	Da waa dat natürlich nich mehr so primmetiv. Da ging et schon um Glaubensfragen.
Reporter	Donnerwetter.

Dr.Antonia	Mitti Ruhr als Gesangbuchgrenze.
Reporter	Ach, wirklich?
Dr.Antonia	Jau äy. Südlich vonne Ruhr, da waan die feinen Bekehrten, und nördlich vonne Ruhr, so nache Emscher rauf, da waan die ollen Heiden rum am malochen.
Reporter	Das kommt mir irgendwie bekannt vor.
Dr.Antonia	Ja? Gednfallz ham die feinen Bekehrten zu die Heidens gesacht: Hörtma, ihr Seegers, entweder ihr lobt gezz orntlich den Herrn, oder et gibt Senge.
Reporter	Und die Heiden?
Dr.Antonia	Ham zurückgerufen: Komtoch rübber, wenner Traute habt. Den ersten feinen Pinkel, der sein Bauch über de Emscher streckt, kricht ein mitte Keule.
Reporter	Frau Dr. Antonia Cervinski-Querenburg, vielen Dank für diesen tiefen Blick in die Geschichte.

Dr. Antonia sacht wat übern Pütt

Reporter	Frau Dr. Antonia Cervinski-Querenburg, Sie sind doch Bergmannstochter. Wie kommt es, daß Sie noch nie die Bergmannssprache erwähnt haben?
Dr. Antonia	Meinse so Sachen wie dat Hangende?
Reporter	Dat Hangende? Kenn ich nicht. Ich kenn nur einen alten Hänger. Das ist einer, der immer so rumhängt.
Dr. Antonia	Dat wär dann der Hangende oder den Hangenden, nich dat Hangende.
Reporter	Also, heraus damit, was ist dat Hangende?
Dr. Antonia	Is doch ganz eimpfach. Dat Hangende is dat watta unten im Flöz oben rumhängt.
Reporter	Ja, wo hängt es denn nun, unten oder oben?
Dr. Antonia	Beides. Unten im Schacht, aber oben im Flöz. Dat ist dat Steinzeuch, watten Berchmann ewig übern Kopp rumlungert.
Reporter	Was Sie so alles wissen.
Dr. Antonia	Wenn ich dat nich wissen tät, wär Hängen im Schacht.
Reporter	Hangen.
Dr. Antonia	Hängen. Sacht man doch so, wenn et Ärger gibt. Dann is Hängen im Schacht.
Reporter	Sollten wir uns nicht langsam wieder aus dem Schacht heraushangeln?
Dr. Antonia	Hamwer doch schon. Hängen im Schacht gibt et auch über Tage.
Reporter	Ah, über Tage. Kenn ich. Über Tage hinweg habe ich versucht …

Dr.Antonia	… Mannomann, Sie sind mich vleicht en Berchmann. Über Tage heißt anne frische Luft. Dat is dat Gegenteil von vor Kohle.
Reporter	Verkohle? Isch will Sie nit verkohle. Außerdem wär dat rheinisch und nit berschmännisch.
Dr.Antonia	Vor. Nicht Ver. Vor Kohle. Oder vor Ort. Wo der Berchmann wullackt, bis dat der Hund voll is.
Reporter	Der Hund? Das Grubenpferd kenn ich ja. Haben die jetzt Hunde im Pütt?
Dr.Antonia	Aber Herr Reporter. So en Hund dat is doch so en klein Kohlewagen. Nehmse doch nich allet so wörtlich. En Henkelmann is ja auch kein Kerl mit Henkel dran zum Wegwerfen.
Reporter	Frau Dr. Antonia Cervinski-Querenburg, mit Sie würd ich glatt aufe siebte Sohle fahn.

Dr. Antonia und de Lümpiade

Reporter	Frau Dr. Antonia Cervinski-Querenburg, alles blickt in diesen Tagen nach Barcelona, niemand schaut aufs Ruhrgebiet. Das muß Ihnen doch die Sprache verschlagen.
Dr.Antonia	Wegen de Lümpiade?
Reporter	Das hätte ich mir ja denken können, daß Sie selbst so ein klassisch griechisches Wort verhunzen.
Dr.Antonia	Meinzwegen. Red ich ehmt nur noch vonne Lümpische Spiele.
Reporter	Das ist auch nicht besser.
Dr.Antonia	Jedenfalls halte ich die Ruhrgebietssprache für ausgesprochen olympiaverdächtig.
Reporter	Ach, wirklich?
Dr.Antonia	Man müßte nur eine neue Disziplin einführen.
Reporter	Welche denn? Hochofenausspucken?
Dr.Antonia	Herr Reporter, Sie sind ganz schön vorlaut.
Reporter	Welche olympische Ruhrgebietsdisziplin wollen Sie denn nun einführen?
Dr.Antonia	Zungenfertigkeit natürlich. Im alten Griechenland waren auch die Dichter dabei. Warum nimmt man heute keine Wortakrobaten?
Reporter	Und da hätte das Revier Medaillenchancen?
Dr.Antonia	Und ob. Zum Beispiel im Buchstabenverschlucken. Nehmen Sie folgenden Satz: Den Wänner hat donnonimma en Hunni anne Patte.

Reporter	Ich verstehe nur Hund.
Dr. Antonia	Hunni? Das ist ein Hunderter. Der Werner hat doch noch nicht mal einen Hunderter in seinem Besitz. Auf Verschluckdeutsch: Denwännerhatdonnonimmaenhunniannepatte.
Reporter	Kein Zweifel: Silber für die Silberzunge.
Dr.Antonia	Oder nehmen Sie den dreifach gehockten Zungensalto mit Gaumenschraube.
Reporter	Her damit.
Dr.Antonia	Wennze am Rad am fahn bis, bisse beie Schwimmers verkehrt, höchstens datte im Becken reinfällz, wegen die lockere Schraube anne Bremse, weiß Bescheid?
Reporter	Frau Dr. Antonia Cervinski-Querenburg, die Goldmedalje gehört Sie.

Dr. Antonia und die Galatatzerei

Reporter	Frau Dr. Antonia Cervinski-Querenburg, haben Sie auch diese Prognose gesehen …
Dr.Antonia	Wat für ne Nose?
Reporter	Die Vorhersage, daß die Revierbevölkerung so abnimmt.
Dr.Antonia	Sie meinen, dattat Ruhrgebiet die Leute abhauen.
Reporter	Ja, so ähnlich. Beunruhigt Sie das nicht?
Dr.Antonia	Dattat en bißken mehr Platz fürt Schwimmen inne Emscher gibt? Awatt.
Reporter	Und die Sprache? Wird die nicht dürftiger?
Dr.Antonia	Wisodattenn? Nur weil en paa Männekes Leine ziehen? Mussese ehmt en bißken aufmöbeln. Mitten paa neue Laute.
Reporter	Neue Leute?
Dr.Antonia	Und neue Laute. Wörters.
Reporter	Und wo holen Sie die her?
Dr. Antonia	Hamwer doch schon da. Brauchen wir nur nehmen.
Reporter	Die Leute?
Dr.Antonia	Die Wörters. Mann, Sie brauchen aber lange, eh dat Sie merken, wo den Döner am brutzeln is!
Reporter	Den Döner? Jetzt verstehe ich überhaupt nichts mehr.
Dr.Antonia	Na, ich mein diese türkische Wörters. Brauchse doch nur im Satz reinnehmen! Passen wie geschmiert.

Reporter	Kann ich mir nicht vorstellen.
Dr.Antonia	Also, ein Beispiel: Äy Ömmes, tu mich ma die Köfte rübber!
Reporter	Ömmes? Was heißt denn das?
Dr.Antonia	Dat is doch gaa nich dat Türkische, Sie ollen Ömmes. Dat Türkische sind die Köfte. Dat sind so Fleischbällkes. Köfte. Die sind doch richtig töfte.
Reporter	Stimmt.
Dr.Antonia	Noch en Beispiel: Hömma, die Wattenscheider ham von Galatasaray vleicht ein om Kürbis gekricht!
Reporter	Kürbis?
Dr.Antonia	Dat is doch gaa nich dat …
Reporter	Ich weiß, dat mitti Galatatzerei is dat Türkische. Sehnse, Frau Dr. Antonia Cervinski-Querenburg, gezz hamse mich schon widder ne Sprache gelernt.

Dr. Antonia und dat Kindische

Reporter	Frau Dr. Antonia Cervinski-Querenburg, finden Sie nicht, daß das Ruhrdeutsch irgendwie kindisch klingt?
Dr.Antonia	Wat? Kindisch? Gestatten Se ma die Gegenfrage: Sind Sie vleicht am verkinschen?
Reporter	Durchaus nicht. Ich bleibe bei meiner Frage.
Dr.Antonia	Ja, dann verklickern Se mich ma, wie Se dadrauf kommen, dattat Ruhrdeutsch wat Kindischet hat.
Reporter	Da kann ich nur mit einem Beispiel kommen: Hallo Ulla, hasse Schulla?
Dr.Antonia	Und dat finden Se kindisch? Ich sach Sie ma, wat kindisch is: Kindisch is anne Ruhr wat ganz Gefleechtet.
Reporter	So?
Dr.Antonia	Klaa. Unser Kinder sind echte Zampanos mitti Grammatik.
Reporter	Ach?
Dr.Antonia	Wissen Se, wodrin die spielen?
Reporter	Im Sandkasten, vermute ich.
Dr. Antonia	Im Konjunktiv. Oder meinzwegen auch inne Möglichkeitsform.
Reporter	Donnerwetter.
Dr.Antonia	Dafür geb ich Sie gezz en Beispiel. Silke sacht zu Aant: Also, ich wär die Prinzessin, und du wärst der Robbin Hutt. Aant sacht zu Silke: Au ja, und ich tät dich befreien, und du tätst dich freuen.

Reporter	Stimmt, die spielen im Konjunktiv.
Dr.Antonia	Sehnse! Dat schaffen die Alten nich.
Reporter	Nein? Worin spielen die denn?
Dr.Antonia	Inne Kneipe, wo sonz.
Reporter	Ich meine: sprachlich.
Dr.Antonia	Gednfallz nich im Konjunktiv. Schon gaa nich bein Skat. Wollnse en Beispiel?
Reporter	Will ich.
Dr.Antonia	Hier is et. Sachter Aatur: Wenn dat Ass kahm, war er drin. Sachter Pidder: Quatsch. Wenn du mit dein Ass kahms, kahm ich mit mein Bube. Sachter Wänner: Stuß. Wenn ich mit meine Flöte kahm, waat ihr sowweso weck.
Reporter	Frau Dr. Antonia Cervinski-Querenburg, vielen Dank für diese töfte Einführung in dat Spielgeschehen anne Ruhr.

Dr. Antonia und dat Rosane

Reporter	Frau Dr. Antonia Cervinski-Querenburg, was haben Sie heute mit mir vor?
Dr. Antonia	Heute machen wir mal ein Rollenspiel.
Reporter	Ach?
Dr. Antonia	Sie spielen einen Verkäufer, und ich spiele eine Kundin, die beim Einkauf hoffentlich den ganzen Charme der Ruhrgebietssprache entfaltet.
Reporter	Hoffentlich. Also gut, fangen wir an: Tach die Dame. Wommit kann ich Sie dienen?
Dr. Antonia	Äy! Halt! Dat Ruhrdeutsch sprech ich.
Reporter	Also hochdeutsch. Was darf es sein, meine Dame?
Dr. Antonia	Wat für zum Anziehn.
Reporter	Ein Kleid? Ein Kostüm? Ein Mantel?
Dr. Antonia	Nää. Sowat Dünnet für umme Beine. Lekkings oder wie dat heißt.
Reporter	Leggings? Da haben wir eine große Auswahl. Welche Größe darf es sein?
Dr. Antonia	Meine. Wem seine sonz?
Reporter	Selbstverständlich. Hier hätten wir etwas in einem sehr zarten Rosa.
Dr. Antonia	Also, ich weiß nich. Dat is für mich en bißken zu zaat. Ob mich sowat Rosanet steht? Mich mit meine Beine?
Reporter	Lila?
Dr. Antonia	Dat Lilane steht mich glaubich onnich. Dann schon eher wat Rosanet.

Reporter	Schwarz?
Dr.Antonia	Nää, dann hätt ich schon lieber wat in Bunt.
Reporter	In Bunt?
Dr.Antonia	Jau. So en bißken Faabe, da tät ich schon Wärt drauf legen.
Reporter	Gewiß. Dürfen es auch Streifen sein?
Dr.Antonia	Ja, aber keine quäre. Weil, die machen dick.
Reporter	Aber Sie doch nicht, meine Dame. Ich könnte Ihnen auch etwas mit Längsstreifen anbieten.
Dr.Antonia	Dat schon eher. Oder lieber nich. Sonne Länxstreifen, die eiern immer so anne Wade rum. Vleicht nimmich doch lieber sonne rosane.
Reporter	Nich länx, nich quär, aber wat in Bunt. Und gezz kommse widder mitti Rohsahne. Wissen Se wat, Frau Dr. Antonia Cervinski-Quärenburg? Ich mach nich mähr mit bei dat Rollenspiel.

Dr. Antonia und dat Abgestrackte

Reporter	Frau Dr. Antonia Cervinski-Querenburg, wie steht man im Revier eigentlich zu den schönen Künsten?
Dr.Antonia	Zu die schöne Künste? Meinse so diese abgestrackte Malerei ...?
Reporter	Abstrakte Malerei.
Dr.Antonia	Mein ich doch. Is töfte. Zum Beispiel diesen Schlendrian ...
Reporter	Mondrian?
Dr.Antonia	Genau. Und der Paul.
Reporter	Klee?
Dr.Antonia	Nää. Dat Polken Kleinschmidt, den Neffe von meine Freundin ihrn Schimmi.
Reporter	Aha.
Dr.Antonia	Dat is der reinste Picasso. Schade, datter grade seine blaue Periode hat.
Reporter	Trinkt er denn so viel?
Dr.Antonia	Haha, gleich erkannt, dat Witzken, wat, Herr Reporter?
Reporter	Jedenfalls habe ich geahnt, daß Ihre Kommentare zur modernen Kunst nicht ganz erst zu nehmen waren.
Dr.Antonia	Hamse recht. Dat liecht an unsere Ruhrgebietssprache. Die ist nämmich nich so abstrakt. Gednfallz nich so abstrakt wie diese schöne Künste von heute.
Reporter	Wieso nicht?
Dr.Antonia	Weil die immer sonne Erklärungen bedürfen.

Reporter — Und was hat das mit der Ruhrgebietssprache zu tun?

Dr.Antonia — Die is mehr für dat Konkrete. Auf Ruhrdeutsch könnse einwandfrei sagen: Dat is aber en schön buntet Bild. Aber mitti höhere Pretationsebene is dat sonne Sache.

Reporter — Sie meinen die höhere Interpretationsebene.

Dr.Antonia — Jau äy. Wenn zum Beispiel so dat Blau en staaken Kontrast mittat Orangschene am bilden is oder wenn so dat schwatte Dreieck innen Vordergrund mit den blauen Kringel anne Seite so in Kommikation am Dingens …

Reporter — … am treten …

Dr.Antonia — Jau äy, so am treten is, dann gehtatat Ruhrdeutsch irnxwie gegenen Strich.

Reporter — Frau Dr. Antonia Cervinski-Querenburg, Sie hamma widder mitten paa Pinselstriche allet gesacht.

Dr. Antonia und die Dockementa

Reporter	Frau Dr. Antonia Cervinski-Querenburg, neulich haben wir über moderne Kunst geplaudert, ohne die Dokumenta zu erwähnen.
Dr. Antonia	Gezz is die ja alle. Waa ich aber drauf.
Reporter	Drauf?
Dr. Antonia	Aufe Dockementa waa ich drauf.
Reporter	Wie, drauf? Waren Sie etwa auf der Dokumenta vertreten? Mit einem Werk?
Dr. Antonia	Mitten Werk doch nich. Mitti Beine waa ich da drauf. Ma inne Schlange, ma an son Obgeckt.
Reporter	Was für ein Geck?
Dr. Antonia	Son Obgeckt. Kennse doch. Is Honnerazioren-Ruhrdeutsch für Objekt. So aufe Dockementa musse doch en bißken gehoben mitti Sprache rumgehn.
Reporter	Das ist ja Ihre Spezialität, und nicht die Malerei. Auf einer Dokumenta der schönen Literatur wären Sie sicher vertreten.
Dr. Antonia	Sowat von plumpe Schmeichelei habbich schon ewig nimmähr gehört. Ich kann mich dat Gefühl nich erwehrn, dat Sie wat von mich wolln.
Reporter	Aber nicht doch.
Dr. Antonia	Ich hab sogaa son kleinet Verdächtken.
Reporter	Verdächtigen Sie mich lieber nicht.
Dr. Antonia	Ich glaub, Sie wolln eins von meine zahlreiche Gedichte hörn.
Reporter	In Ruhrdeutsch?

Dr. Antonia	In wat sonz?
Reporter	Will ich hören.
Dr. Antonia	Also gut. Sie lassen mich ja keine andre Wahl.
Reporter	Gerne geschehen.
Dr. Antonia	Also, hier is et: Den Mond is auf am gehn. Die Sternkes sind am stehn. Am Himmel, dat is klaa. Der Wald steht rum und is am schweigen. Und ausse Wiese is wat am steigen. Son weißen Nebel. Wunderbaa.
Reporter	Das kommt mir irgendwie bekannt vor.
Dr. Antonia	So? Wie wär et mitten Lied: Hömma, wat kommta von draußen rein? Könntat vleicht mein feinz Liebchen sein ...?
Reporter	Feinz Liebchen? Frau Dr. Antonia Cervinski-Querenburg, wenn dat Ruhrdeutsch is, tu ich Sie persönlich inne Dichter-Dockementa rein.

Dr. Antonia und dat Eimpfache

Reporter	Frau Dr. Antonia Cervinski-Querenburg, wie kommt es eigentlich, daß Sie als Akademikerin ein derartiges Deutsch sprechen?
Dr.Antonia	Wat für en aatiget Deutsch meinse denn?
Reporter	Na, dieses dicke Ruhrdeutsch.
Dr.Antonia	Ach, dat meinse. Also, ährlich gesacht: Dat geht mich leicht vonne Zunge.
Reporter	Ist es denn nicht zu kumpelhaft?
Dr.Antonia	Ma so, ma so. Is nämmich egal, obse mitten Kumpel reds oder mit ein wie Sie.
Reporter	Ein wie ich?
Dr.Antonia	Ein wie Sie. So en Etepeteeten. So en ganz weit Wecken.
Reporter	Ein weit Wecken? Ich versteh überhaupt nichts mehr.
Dr.Antonia	So ein, der so ganz weit weck is von dat Eimpfache.
Reporter	Ein bißchen Distanz ist ja kein Fehler.
Dr.Antonia	Gednfallz is et egal. Ob Berchmann, ob fein Pinkel. Auf Ruhrdeutsch kannze immer setzen.
Reporter	Was? Setzen?
Dr.Antonia	Jau. Dat is Ruhrdeutsch für Duzen und Siezen. Dat is bei uns immer dat Setzen.
Reporter	Da muß ich mich aber setzen.
Dr.Antonia	Wat soll ich nu sagen? Sehnse oder Sisse? Beides is mit se. Aber dat eine is gesiezt gesetzt, und dat andere is geduzt gesetzt.

Reporter So, so.

Dr. Antonia Hamse dat kapiert oder hasse dat kapiert? Kriegnse dat geschnallt oder krisse dat geschnallt? Gehmse mich recht oder gibse mich recht?

Reporter Se, se, se …

Dr. Antonia Jau äy, sese gibt et auch. Manchma hamsese nämmich nimmähr alle.

Reporter Frau Dr. Antonia Cervinski-Querenburg, mit Sie is dat immer dat selbe: Am reden krissese leicht, aber am aufhörn krissese nich.

Dr. Antonia und die Kolleratur

Reporter	Frau Dr. Antonia Cervinski-Querenburg, kommen Sie mir schon wieder ausländisch?
Dr.Antonia	Na, und?
Reporter	Hoffentlich waren Sie nicht wieder anne Koppa …
Dr.Antonia	Anne Cabana? Nää. Ich waa nich in Rio, ich waa in Kohsi.
Reporter	Kohsi? Wo ist das denn?
Dr.Antonia	Kennse nich? Dat mittat Fantutte?
Reporter	Kohsi? Fantutte? Kommt mir bekannt vor. Ist ziemlich weit weg, oder?
Dr.Antonia	Quatsch. Is im Theater. Cosi fan tutte.
Reporter	Ach, die Oper.
Dr.Antonia	Wat denken Sie denn. Meinse vleicht, dat wir im Revier nich inne Opper gehn? Den Mozzaat, den feifense bei uns vonne Dächers.
Reporter	Den Wolfgang Amadeus? Donnerwetter.
Dr.Antonia	Waascheinlich ham Sie widder gedacht, dattat anne Ruhr nix is mitti Kolleratur. Dat wir nur diese andere Musik hörn. So Sachen wie: Gärda, meine Pärle, du mein schwatten Edelstein.
Reporter	Das scheint mir doch ein schönes, volkstümliches Stück zu sein.
Dr.Antonia	Hab ich onnix gegen. Aber bei uns gibtat auch den höheren Gesang.
Reporter	Meinen Sie das hohe C und dergleichen?

Dr.Antonia — Glaub ich nich, dattat bei den Schowanni und bei diese ganzen Dons auf dat hohe C ankommt. Dann schon eher bei die Butterflei.

Reporter — Ich staune, wie fest die große Oper im Ruhrgebiet und in der Ruhrsprache verankert ist.

Dr.Antonia — Isse auch. Wenn die Madame so vollet Rohr von dat Schiff singt, dattat einen schönen Tach widderkommen tät. Son dicket Fell hamwer hier onnich, dat uns dat nich leid tät. Weiß doch jeder, datter Kerl die Mücke macht.

Reporter — Daß wir uns inzwischen weit von Mozart entfernt haben, wissen Sie hoffentlich auch.

Dr.Antonia — Reden Se ma nich so von oben runter, Herr Reporter. Sonst schick ich Sie im Ring.

Reporter — Frau Dr. Antonia Cervinski-Querenburg, bloß nich im Ring. Dann schon lieber inne Kolleratur.

Dr. Antonia und die Rellität

Reporter	Frau Dr. Antonia Cervinski-Querenburg, wissen Sie, was ich im Ruhrgebiet vermisse?
Dr.Antonia	Ich vermiß nix im Revier.
Reporter	Ich aber. Mir fehlt das Unverkennbare. Der Begriff, bei dem alle Welt sagt: Aha! Ruhrgebiet!
Dr.Antonia	Sie meinen so etwas wie d'r Dom in Kölle oder dös Hofbraihaus oder dat Brandenburja Tor?
Reporter	Ja. So was.
Dr.Antonia	Meine Antwort lautet: Schomma wat von Schalke gehört?
Reporter	Schalke? Ist das nicht so ein Fußballverein?
Dr.Antonia	Son Fußballverein? Wat ne bestußte Frage! Schalke. Dat is dat Symbol vonnet ganze Revier.
Reporter	Ja, ja. Beruhigen Sie sich. Ich gehe nun mal nicht nach Schalke.
Dr.Antonia	Nach Schalke geh ich onnich.
Reporter	Nein?
Dr.Antonia	Wenn schon, dann geh ich auf Schalke, wie jeden orntlichen Fän. Nich nach, sondern auf.
Reporter	Stimmt, das habe ich auch schon gehört. Auf Schalke. Heißt es nicht sogar: auf Schalke drauf?
Dr.Antonia	Quatsch. Aufe Uni drauf, dat kamman schomma sagen. Ich geh aufe Uni drauf. Aber bei Schalke krichtat Auf keinen drauf.

Reporter	Aha. Aber warum ist das so? Warum geht man auf Schalke und nicht nach Schalke?
Dr.Antonia	Ja hamse denn kein Sprachgefühl? Wie klingt denn dat: nach Schalke. So lahmaaschig. Wie wenn die Jungs ewig nach wat hinterher am hinken wärn. Auf Schalke - dat klingt doch viel besser. Wie wat hoch Obenes. Auf Schalke.
Reporter	Ja stimmt das denn mit der Realität überein?
Dr.Antonia	Wat für ne Rellität?
Reporter	Ich meine die Leistungskurve. Müßte es nicht heißen: Ich geh zu Schalke hinunter?
Dr.Antonia	Runner? Sie sind wohl en verkappten Essener Rotweißen, wat?
Reporter	Frau Dr. Antonia Cervinski-Querenburg, ich bin überhaupt keinen Verkappten. Ich sach ganz offen: Schluß mittat Interju.

Dr. Antonia und die Doltsche

Reporter	Frau Dr. Antonia Cervinski-Querenburg, wo waren Sie schon wieder?
Dr.Antonia	Inne Ferne.
Reporter	Und was haben Sie dort erlebt?
Dr.Antonia	Dattat Ruhrdeutsch keinen Fremdenhaß kennt.
Reporter	Aha. Und warum nicht?
Dr.Antonia	Weil dat Ruhrdeutsch diese Intrigationsfähigkeit im Besitz is.
Reporter	Wie bitte? Was besitzt das Ruhrgebietsdeutsch?
Dr.Antonia	Dat kann überall gleich diese fremde Brocken aufnehmen.
Reporter	Ach, Sie meinen die Integrationsfähigkeit der Ruhrgebietssprache.
Dr.Antonia	Sarrich doch, Sie ollen Pingelfritz.
Reporter	Und welche Brocken haben Sie aufgenommen?
Dr.Antonia	Son paa deutsch-römische Brocken. Zum Beispiel hatta ne Frau zu ihr Kind gesacht: Wennze gezz nich am heulen aufhörs, sarrich dat den Pappa.
Reporter	Und was soll daran römisch sein?
Dr.Antonia	Wat schon. Den Pappa natürlich. Pappa is doch den Papst sein italgenischen Name.
Reporter	Aha. Sie waren also im Vatikan.
Dr.Antonia	Nich nur. Ich waa auch bein Paolo.
Reporter	Paolo? Ach ja. Der italienische Name von Päule.

Dr.Antonia Welcher Päule? Ich mein den Paolo ausse römische Kaffeebaa.

Reporter Aha. Und bei dem haben Sie die italienisch-ruhrdeutsche Sprachintegration studiert?

Dr.Antonia Und ob. Zum Beispiel bei diese Familie aus Rauxel. Wo der Vatter geden Morgen zu seine Frau gesacht hat: Willzen Kaffee mitte Latte oder willzen Expresso? Und sie sacht: Latte, Otto.

Reporter Ich nehme an, es ist vom Milchkaffee die Rede.

Dr.Antonia Stimmt. Und dann sacht Otto: Na, meine Doltsche, wat machwer heute?

Reporter Meine Olsche?

Dr.Antonia Nich Olsche. Doltsche. Oder Dolce. Meine Süße.

Reporter Frau Dr. Antonia Cervinski-Querenburg, machen wir Schluß, bevor aus unserem Gespräch kalter Kaffee wird.

Dr. Antonia und die Tee-Schwäche

Reporter	Frau Dr. Antonia Cervinski-Querenburg, über die Tee-Schwäche wollen Sie mit mir reden? Schwarz oder Pfefferminz?
Dr.Antonia	Watten Mistverständnis von Ihre Seite. Ich will nich übern Tee und onnich übern Kaffee reden. Sondern über dat T, über den Buchstabe.
Reporter	Nichts für ungut. Aber was meinen Sie überhaupt mit T-Schwäche?
Dr.Antonia	Is doch ganz eimpfach. Fragen Se mein Bekannten, den dicken Günner. Der kann Sie dat genau erklärn mitti T-Schwäche.
Reporter	Der Günner?
Dr.Antonia	Und ob. Der leidet sogaa unter T-Schwund. Sein echten Name is doch Günter. Nich Günner. Aber meistens is bei ihn dat T futsch. Dat is nämmich so bei et Ruhrdeutsch.
Reporter	Verstehe. Täusche ich mich, oder bin ich soeben Ohrenzeuge eines L-Schwunds geworden? Sie sagten: nämmich. Aber Sie meinten doch: nämlich.
Dr.Antonia	Wat Sie sagen, is gaa nich so dämlich.
Reporter	Müßte das nicht dämmich heißen?
Dr.Antonia	Nää. Aber manchma hamwer K-Schwund. Zum Beispiel bei den Voller. Wo der doch eintlich Volker heißt.
Reporter	K-Schwund, L-Schwund, gut und schön. Aber was ist nun mit der T-Schwäche?

Dr.Antonia	Quängeln Se doch nich so. Sie sind ja schlimmer wie meine Kinner.
Reporter	Kinner?
Dr.Antonia	Dat sind Kinder mit D-Schwund. Manche sagen sogaa Kinnings.
Reporter	Ich warte immer noch auf Ihre T-Schwäche.
Dr.Antonia	Schwäche is kein Schwund. Schwund is, wenn en Buchstabe ganz weck is. Schwäche is wat anneret.
Reporter	Anneret? Ein klarer Fall von D-Schwund.
Dr.Antonia	Stimmt. Daaf ich gezz ma die T-Schwäche bringen? Nämmich die von den Didder und den Pidder. Die ihr haatet T wird anne Ruhr en schlabbriget D.
Reporter	Dat is die ganze Schwäche? Didder und Pidder statt Dieter und Peter? Frau Dr. Antonia Cervinski-Querenburg, dat haut mich glatt vom Hocker runner.

Dr. Antonia und dat Wat

Reporter	Frau Dr. Antonia Cervinski-Querenburg, finden Sie es nicht komisch, daß Sie über das Schlimmste, das das Ruhrdeutsch zu bieten hat, bisher kaum ein Wort verloren haben?
Dr. Antonia	Das Schlimmste? Wat is dat denn?
Reporter	Dat.
Dr. Antonia	Wat?
Reporter	Dat Wat und dat Dat.
Dr. Antonia	Dat soll dat Schlimmste sein? Dat is dat Schönste!
Reporter	Dat? Dat Schönste? Ich hätt' es mir ja denken können. Und warum ist dat Dat und dat Wat dat Schönste?
Dr. Antonia	Zum Beispiel, weil es so international is.
Reporter	Wat? International?
Dr. Antonia	Klaa. Gehnse ma in London in son Laden rein. Und dann zeigense auf son Dingen. Und dann sagense ma: Wat is dat? Wat meinse woll, wat dann passiert?
Reporter	Was soll da schon passieren, wenn Sie in London sagen: Wat is dat?
Dr. Antonia	Dat die dat verstehn. Dat passiert. Wat is dat. Dat verstehn die in London.
Reporter	Wollen Sie mir erzählen, daß man in London Ruhrdeutsch sprich?
Dr. Antonia	Nein. Englisch. Aber Sie wissen ja, wat wat is dat auf englisch heißt.
Reporter	Nää. Wat heißt dat denn?
Dr. Antonia	What is that.

Reporter	Wat? What is that heißt wat is dat?
Dr.Antonia	Staak, ne? Kein Wunder, dat die dat verstehn.
Reporter	Also gut. Dat Dat und dat Wat sind international.
Dr.Antonia	Und historisch.
Reporter	Historisch? Mich deucht, ich spinne.
Dr.Antonia	Dat Dat und dat Wat, die sind doch viel älter als das Das und das Was.
Reporter	So, so.
Dr.Antonia	Die alten Germanen ham schon dat und wat gesacht, da waan die Hochdeutschen mit ihr Das und Was noch gaa nich inne Planung.
Reporter	Aber das Hochdeutsche hat sich nun mal durchgesetzt.
Dr.Antonia	Bei Sie vleicht.
Reporter	Frau Dr. Antonia Cervinski-Querenburg, wenn Sie noch weiterreden, krich ich en Datterich.

Dr. Antonia is widder am dichten

Reporter	Frau Dr. Antonia Cervinski-Querenburg, Weihnachten naht. Hätten Sie da nicht ein paar passende Gedichte auf Lager?
Dr.Antonia	Also, mit den Lager, dat weiß ich nich. Aber aufe Zunge hätt ich schon en paa Verskes rum am liegen.
Reporter	Hoffentlich sind die nicht so schnodderig. Wir wollen ja schließlich etwas Weihnachtsstimmung verbreiten.
Dr.Antonia	Ich? Schnodderich? Aber Herr Reporter. Ich bin doch die Seriösetät, wie aussen ääh Dingens, also wie se im Buch is.
Reporter	So, so. Und wie wär's nun mit ein paar ääh, wie sagen Sie doch immer …
Dr.Antonia	… Dingens …?
Reporter	… Verskes?
Dr.Antonia	Also gut. Auf Sie Ihre Verantwortung!
Reporter	Ja, doch.
Dr.Antonia	Hier is et: Azvent, Azvent, dat Licht dat brennt. Ers is et bloß eins, gezz sind et schon vier. Dann kloppt dat Chriskind anne Tür.
Reporter	Wat kloppt da?
Dr.Antonia	Dat Chriskind. Anne Tür. Könnse sich doch vorstelln, dattata mitti Faust rum am ballern is. Täten Se doch auch, wenn Se mit so en Haufen Geschenke vor de Tür stehn täten, und kein Schwein läßt Se rein!
Reporter	Frau Dr. Antonia, ich muß doch bitten. Wir wollten heute doch etwas lyrisch auftreten, ein bißchen Besinnlichkeit verbreiten.

Dr.Antonia — Tu ich doch. Ich kann sogaa noch en Gedicht aufsagen.

Reporter — Ich freu mich schon.

Dr.Antonia — Äy Tannenbaum, äy Tannenbaum,
wat hasse so grüne Blätter.
Nich nur, datte im Sommer blühs.
Nää, auch im Winter bisse ganz süß.
Äy Tannenbaum, äy Tannenbaum,
wat hasse so grüne Blätter.

Reporter — Äy Tannenbaum? Datte blühs?
Frau Dr. Antonia, ich muß schon sagen:
Die hochdeutsche Version gefällt mir besser.

Dr.Antonia — Hätt ich mich doch denken können, dat Sie für sonne kärnige Ruhrgebietslyrrik die Antenne fehlt.

Reporter — Frau Dr. Antonia Cervinski-Querenburg,
hier hamse meine Antwort:
Von da draußen von den Wald da komm ich her. Ich muß Sie sagen, ich kannimähr.

Dr. Antonia und der Wortaatsalto

Reporter	Frau Dr. Antonia Cervinski-Querenburg, womit fangen wir heute an?
Dr.Antonia	Heute reden wir ma von wat wo Anfänger keine Ahnung von haben.
Reporter	Von wat wo …
Dr.Antonia	… nur Fortgeschrittene wat von haben.
Reporter	Und zwar?
Dr.Antonia	Vonnen doppelten Wortaatsalto.
Reporter	Was für 'ne Art Salto?
Dr.Antonia	Wortaat. Wenn ne Wortaat so en Salto macht, dazze plötzlich ne ganz andere Wortaat is.
Reporter	Ich verstehe kein Wort. Können Sie mir den Salto vielleicht mal vorführen?
Dr.Antonia	Mach ich doch glatt. Hier is er: Wenn von Ihre Hose en Knopp ab is, dann is dat ne Hose mitten appen Knopp. Knopp ab, apper Knopp - dat is der Wortaatsalto.
Reporter	Apper Knopp? Das kommt mir bekannt vor. Haben wir nicht schon mal über einen appen Ärmel geplaudert?
Dr.Antonia	Hamwer. Aber dat is ja onnur der eimpfache Salto. Diesma will ich Sie den doppelten Salto vorführn.
Reporter	Verstehe. Einen mit zwei appen Knöpfen.
Dr.Antonia	Gehnse mich doch weck mit Ihre Knöppe. Aber bleimwer bei de Hose. Stellen Se sich eimpfach ma vor, Sie täten Ihre Hose falsch rum anhaben.

Reporter	Damit schaffe ich niemals einen doppelten Salto.
Dr.Antonia	Ehmt doch! Aber nich in echt, sondern mitte Sprache. Wenn Se nämmich Ihr Hose falsch rum anhaben, wissen Se, wat Se dann sind?
Reporter	Sagen Sie's mir, sagen Sie's mir.
Dr.Antonia	Dann sind Se en Reporter mit ne falsch rumme Hose. Und die falsch rumme Hose, dat is der doppelte Salto.
Reporter	Das ist der Salto? Frau Doktor, Sie reden mir ja noch ein Loch in die Hose.
Dr.Antonia	Dann sind Se der Reporter mit dat hinten dranne Loch anne falsch rumme Hose.
Reporter	Frau Dr. Antonia Cervinski-Querenburg, wenn Se gezz nich aufhörn, bin ich der Reporter mitte oben dranne weiche Birne.

Dr. Antonia is am kollern

Reporter	Frau Dr. Antonia Cervinski-Querenburg, wissen Sie, daß manche Leute einen Koller kriegen, wenn sie Ihr Ruhrdeutsch hören?
Dr.Antonia	En Koller? Da muß ich mich ja kullern vor Lachen.
Reporter	Die Leute stört, daß das Ruhrdeutsch so hart klingt.
Dr.Antonia	Haat? Watten Quaak. In keine andere Sprache kollern einen die Wörter so locker vonne Lippe.
Reporter	Locker vonne Lippe? Ich dachte immer, daß an der Ruhr die Zungen eher ein bißchen schwer sind.
Dr.Antonia	Von wegen schwere Zunge. Aber waascheinlich kann ich Sie sowweso nur überzeugen, wenn ich Sie mitten Beispiel komm. Laß ma kucken. Wat gibt et denn so, wat ein schön locker vonne Zunge kollert?
Reporter	Warum schauen Sie nicht auf der Speisekarte nach?
Dr.Antonia	Töfte Idee. Wat hamwer denn hier. Jäger. Zegeuner. Halb Hähnken. Stehk. Is ja allet nich so doll. Moment ma. Hier: Kolleraben. Dat is doch wat. Kolleraben. Dat hört doch jeder, dat ein die so richtig vonne Lippen kollern.
Reporter	Kolleraben? Das klingt ja tierisch.
Dr.Antonia	Is aber en Gemüse. Hab ich neulich noch gehabt. Bratwurst mit ne Pozzion Kolleraben. Waa erste Sahne. Da hätt nonimma den Sibbeck, diesen ollen Gurmeh, wat dran meckern können.

Reporter	Ich weiß ja, daß Sie für die Ruhrgebietsküche schwärmen …
Dr.Antonia	Gednfallz für de Ruhrgebietsküchensprache. Om Teller bin ich ja mehr so für dat Übersichtliche.
Reporter	Das ist mir bekannt. Das moderne Ruhrgebiet ißt lieber chinesisch oder vietnamesisch oder thailändisch, jedenfalls leicht.
Dr.Antonia	Bei uns gibt et allet. Ma wat mitte Stäbskes, ma en orntlichen Schlach mitten Löffel.
Reporter	Ma Frühlingsrolle, ma Kolleraben?
Dr.Antonia	Wenn Se dat so verklauseliert ausdrücken wolln, Herr Reporter, dann is dat Sie Ihre Sache.
Reporter	Frau Dr. Antonia Cervinski-Querenburg, gezz sarrich ganz unverklauseliert: Schluß mit den Kappes.

Dr. Antonia und dat Issich

Reporter	Frau Dr. Antonia Cervinski-Querenburg, heute …
Dr.Antonia	… nehmwer ma widder wat Grammatik durch.
Reporter	Wat? Widder Grammatik?
Dr.Antonia	Is doch wat Schönet. Gednfallz bei uns im Ruhrdeutsch.
Reporter	Und welche Grammatik soll es heute sein?
Dr.Antonia	Heute nehmwer dat Issich durch.
Reporter	Dat Essig? Muß das nicht der Essig heißen?
Dr.Antonia	Wenn Se so weiter labern, is dat bald Essig mit dat Interju hier. Wodrübber wir reden is nich Essig, sondern Issich.
Reporter	Na gut. Was ist denn nun Issich? Sagen Sie mir doch mal einen Satz mit Issich.
Dr.Antonia	Bitteschön: Den Hämmann, dat issich vleicht en Bekloppten.
Reporter	Und das nennen Sie Grammatik?
Dr.Antonia	Und ob. Dat is vonnet erste bis zu dat letzte Wort Grammatik.
Reporter	Sie sagen: Dat is Grammatik. Muß es nicht heißen: Dat issich Grammatik?
Dr.Antonia	Dat is doch Stuß. Dat Issich kommt nur vor, wenn dat von Leute handelt. Zum Beispiel von den Hämmann. Und dat issich nun ma en Bekloppten, ob Sie dat gefällt oder nich.
Reporter	Seien Sie doch nicht so bissig.

Dr.Antonia Bissich? Dat is schomma gaa keine Grammatik. Eimpfach so einen rumreimen. Issich, bissich. Dat gildet nich.

Reporter Gildet nich? Das scheint mir auch ein Stück Grammatik zu sein, das mir bisher entgangen ist.

Dr.Antonia Nu sein Se ma nich son Schnopp.

Reporter Ich vermute, Sie meinen: Snob.

Dr.Antonia Daaf ich gezz ma die Sache mit dat Bissich aufklärn?

Reporter Sie dürfen.

Dr.Antonia Also: Dat heißt nich bissich, sondern bisdich. Hömma, Hämmann, du bisdich vleicht en Bekloppten!

Reporter Frau Dr. Antonia Cervinski-Querenburg, wenn Sie so weiterreden, dann binnichmich selber onnoch en Bekloppten.

Dr. Antonia is rum am schütteln

Reporter	Frau Dr. Antonia Cervinski-Querenburg, wissen Sie, wovon Sie mich noch nicht ganz überzeugt haben?
Dr.Antonia	Waascheinlich von überhaupt nix.
Reporter	Sie haben mich noch nicht davon überzeugt, daß das Ruhrdeutsch die Sprache der Dichter und Denker ist.
Dr.Antonia	Dat Ruhrdeutsch? Nich die Sprache vonne Dichters und Denkers? Ja hamsese denn nimmähr alle?
Reporter	Dann beweisen Sie es mir doch. Dichten Sie mir doch etwas.
Dr.Antonia	Wissen Se wat? Nich nur, dat ich Sie wat dichten tu! Ich reim Sie auch wat.
Reporter	Donnerwetter.
Dr.Antonia	Und ich reim Sie nich irnxwat Eimpfachet. Ich reim Sie wat, wat sich schüttelt.
Reporter	Etwa einen Schüttelreim?
Dr.Antonia	Und ob.
Reporter	Doch nicht gar einen Schüttelreim mit Lokalkolorit?
Dr.Antonia	Wat heißt hier Kollerit! Ich dicht Sie en Schüttelreim mit Herne drin.
Reporter	Mit Herne drin? Da bin ich aber gespannt.
Dr.Antonia	Und in den Schüttelreim kommt nich nur Herne drin vor, sondern onnoch en Astrenaut.
Reporter	Ein Astronaut!
Dr.Antonia	Jau äy. En Astrenaut, und der spricht mit seine Braut.

Reporter …naut, Braut. War das etwa schon der Reim?

Dr.Antonia Quatsch, dat waddoch gaa kein Schüttel.

Reporter Also, schütteln Sie. Was sagt denn nun der Astronaut zu seiner Braut?

Dr.Antonia Ich will gezz nache Sterne hoppen.
Und du? Du willz in Herne stoppen.

Reporter Ach, Frau Dr. Antonia, Ihr Reim hat mich zutiefst erschüttelt.

Dr.Antonia Kann ich mich denken. Sterne hoppen, Herne stoppen. Wat, da staunen Se? Dat is ehmt echte Mundaatdichtung.

Reporter Frau Dr. Antonia Cervinski-Querenburg,
wenn Sie mich so mit Herne foppen,
dann muß ich inne Ferne hoppen.

Dr. Antonia is sich wat am sonnen

Reporter	Frau Dr. Antonia Cervinski-Querenburg, habe ich richtig verstanden?
Dr.Antonia	Hamse. Ich will Sie wat über täuschende Verben beibringen. Oder auch meinzwegen Wärben. Auf deutsch: Tu-Wörters.
Reporter	Täuschende Verben? Ich muß mich wundern, was Ihre Ruhrgebietssprache alles zu bieten hat.
Dr.Antonia	Ich mich manchma auch.
Reporter	Wissen Sie, welchen Verdacht ich habe?
Dr.Antonia	Nää. Aber dat Sie en zimmich Verdächtigen sind, weiß ich wohl.
Reporter	Ich habe Sie im Verdacht, daß Sie sich mit Ihre täuschende Tu-Wörters nur in Ihren eigenen Geistesblitzen sonnen wollen.
Dr.Antonia	Wat? Sonnen? Is ja sagenhaft, wie Sie dat widder geschnallt ham.
Reporter	Ach ja? Was habe ich denn geschnallt?
Dr.Antonia	Na, dat mittat Sonnen.
Reporter	So? Also wollen Sie sich tatsächlich in Ihren Geistesblitzen sonnen?
Dr.Antonia	Dazu kann ich nur sagen: Reden Se donnich sonnen Quatsch.
Reporter	Jetzt versteh ich überhaupt nichts mehr.
Dr.Antonia	Nää? Erst sagen Se, dat ich mich sonnen tät. Und dann sach ich Sie: Sonnen Quatsch. Merken Se nix? Zweima sonnen!
Reporter	Zweimal sonnen?

Dr.Antonia Jau. Dat eine Sonnen, dat aufe Sonnenbank, is en echtet Tu-Wort. Und dat andere Sonnen, dat von sonnen Quatsch, dat tut nur so, als ob et en Tu-Wort wär. Dat is en täuschendet Tu-Wort.

Reporter Mir fehlen die Worte.

Dr.Antonia Dabei gibt et jede Menge täuschende Tu-Wörters. Zum Beispiel: wennen.

Reporter Wennen?

Dr.Antonia Und annen: Wennen Wirsing willz für annen Braten, mussen kaufen: aufen Maakt oder innen Laden oder dreckt vonnen Bauer.

Reporter Wennen, annen, mussen, aufen, innen, vonnen? Frau Dr. Antonia Cervinski-Querenburg, auch mitten ganzen Haufen komische Tu-Wörters könnse mich bei en Interju nich ummen Finger wickeln.

Dr. Antonia macht en Köpper

Reporter	Frau Dr. Antonia Cervinski-Querenburg, heute wollen Sie von Ihrem Ski-Unfall erzählen?
Dr.Antonia	Wie kommse denn dadrauf?
Reporter	Na, weil Sie so braungebrannt sind und so ein elegantes Gipsbein tragen. Oder sind Sie von der Sonnenbank gefallen?
Dr.Antonia	Heute hamse ja widder Ihren schaafen Reporterblick. Sie entgeht wohl gaa nix!
Reporter	Mich vielleicht, aber mir nicht.
Dr.Antonia	Korregiern wollnse mich onnoch. Sind Sie etwa auch unter de Sprachforschers gegangen?
Reporter	Nein, ich interessiere mich nur für Ihr Gipsbein. Also: Was haben Sie gemacht?
Dr.Antonia	Na wat schon! En Köpper.
Reporter	Einen Kopfsprung?
Dr.Antonia	Jau. Am Idiotenhügel.
Reporter	Aha, Sie waren also doch im Winterurlaub.
Dr.Antonia	Waa ich, waa ich. Mit mein Gatte.
Reporter	Und? Ist er denn wenigstens heil nach Hause gekommen?
Dr.Antonia	Is er. Weil dat nämmich son Kindskopp is.
Reporter	Ach?
Dr.Antonia	Meinse, der wär einma am Schi fahn gewesen? Nix da. Wissen Se, wo der andauernd dran waa?
Reporter	Nun sagen Sie es schon.

Dr.Antonia	Am Schlitten fahn waa der andauernd dran.
Reporter	Das ist ja kindisch.
Dr.Antonia	Sarrich doch. Darum hatter ja auch kein Köpper gemacht.
Reporter	Sondern?
Dr.Antonia	En Bäucher.
Reporter	Einen was?
Dr.Antonia	Bäucher. Kennse nich? Sonne Aat Bauchfletscher om Schlitten.
Reporter	Bauchfletscher?
Dr.Antonia	Jau. Und dann hatter mitti andern Schlittens onnoch Anspänneken gemacht.
Reporter	Köpper? Bäucher? Anspänneken? Frau Dr. Antonia Cervinski-Querenburg, wußt ich doch, dat den Wintersport auf Ruhrdeutsch am schönsten is.

Dr. Antonia und de Gugend

Reporter	Frau Dr. Antonia Cervinski-Querenburg, was sagen Sie eigentlich dazu, daß die Jugend immer gewalttätiger wird? Oder haben Sie im Revier das Problem nicht?
Dr.Antonia	Hamwer nich. Dat liecht an unsere Sprache.
Reporter	Das hätt' ich mir ja denken können.
Dr.Antonia	Hätten Se auch.
Reporter	Und was zeichnet die Ruhrgebietssprache aus, daß sie die Gewalttätigkeit unter Jugendlichen verhindert?
Dr.Antonia	Tut se ja nich.
Reporter	Ja, was denn nun?
Dr.Antonia	Wattat Ruhrdeutsch tut, is, dattet dafür sorgt, datte dich über de Gugend keine Illesionen machs.
Reporter	Jetzt versteh' ich überhaupt nichts mehr.
Dr.Antonia	Sowat kommt ja vor. Also: Gekloppt ham sich die Blagens schon immer, ob dat nu früher waa oder heute.
Reporter	Aha.
Dr.Antonia	Und weil dat Ruhrdeutsch nich so kompleziert rum am labern is, sondern einfach allet sacht, wie et is, merkse immer gleich, wenn einer Kappes quasselt.
Reporter	Ich dachte, Kappes wird gegessen.
Dr.Antonia	Kappes kannze auch quasseln. Zum Beispiel, dattat heute mehr Rotznasen geben tät wie früher.
Reporter	Und das alles leistet die Ruhrsprache?

Dr.Antonia	Jau. Auch weil die so päddergogisch wertvoll is.
Reporter	Auch das noch!
Dr.Antonia	Jau. Is doch klaa, datte mitti eimpfachen Wörters vonne Ruhr auch die Kinders ganz eimpfach erziehn kanns.
Reporter	So? Wie lautet denn die Pädagogik an der Ruhr?
Dr.Antonia	Früher hieß dat: Wenne gezz nich aatig bis, krisse eine geschallert.
Reporter	Körperliche Züchtigung? Das geht doch wohl nicht an.
Dr.Antonia	Nää. Heute heißt dat: Los, geh am Compjuter, Schulla machen, sonz nimmich dich den Remoot Controol weck.
Reporter	Frau Dr. Antonia Cervinski-Querenburg, mit Ihre eimpfache, aber neumoderne Päddergogik sind Sie meine liebste Lärrerin.

Dr. Antonia und der liebe Scholli

Reporter	Frau Dr. Antonia Cervinski-Querenburg, Sie sprachen neulich das Ruhrdeutsch und die Ruhrpädagogik an. Würden Sie dazu noch ein paar Ausführungen machen?
Dr. Antonia	Gehnse mich doch weck mitti Ausführungen. Dat is doch grade dat staake annet Ruhrdeutsch, dattat nich so ausführlich is.
Reporter	Ich weiß, ich weiß.
Dr. Antonia	Wenne wat nich innen paa Wörters sagen kannz, dann lässet besser bleiben. Is ne olle Ruhrdeutsch-Regel.
Reporter	Darum fassen wir beide uns ja immer so kurz.
Dr. Antonia	Stimmt.
Reporter	Also, zurück zur Pädagogik. Was sagen Sie zum Beispiel, wenn Sie jemanden loben wollen?
Dr. Antonia	Dann sarrich: Mein lieber Scholli, dat waa aber töfte.
Reporter	Das ist sicher Balsam für die Seele. Aber ist es denn grammatikalisch korrekt?
Dr. Antonia	Eintlich müßt et ja heißen: mein lieben Scholli. Sacht aber keiner. Alle sagense: mein lieber Scholli.
Reporter	Macht nichts. Mein lieber Scholli ist jedenfalls kürzer als mein lieber Herr Gesangverein.
Dr. Antonia	Gut gesacht, Herr Reporter. Muß ich Sie für ne eins geben.

Reporter	Auch dieses Lob ist pädagogisch wertvoll. Aber können Sie denn auch streng sein? Kinder brauchen zuweilen eine feste Hand.
Dr.Antonia	Jau äy. Damit die nich so bis inne Puppen diese Fernseh-Gewaltigen kucken.
Reporter	Wie bitte?
Dr.Antonia	Na, die mit diese Gewalttaten om Bildschirm. Is donnix für de Koten.
Reporter	Ach, Sie meinen die Gewalt im Fernsehen. Natürlich. Was machen Sie denn dagegen?
Dr.Antonia	Ganz eimpfach. Kurz vor de fümfte Leiche sach ich zu die Lütten: So, gezz gehter aber ma wacker im Bett.
Reporter	Wacker?
Dr.Antonia	Im Bett.
Reporter	Frau Dr. Antonia Cervinski-Querenburg, ich geh gezz ma wacker om Kotten, meinen Chef dat töfte Interju zeigen.

Dr. Antonia is schwer am staunen

Reporter	Frau Dr. Antonia Cervinski-Querenburg, nichts gegen das Ruhrgebiet und seine Sprache. Aber warum ist bei Ihnen alles so mittelmäßig?
Dr. Antonia	Mittelmäßig? Bei uns? Wenn Se wat Mittelmäßiget suchen, brauchen Se nur im Spiegel kucken.
Reporter	Dankeschön. Aber ich bleibe dabei. Irgendwie kommt man im Revier nie richtig ins Staunen.
Dr. Antonia	Im Staunen komm ich, wenn ich Sie Ihre Sprüche hör. Nix zu staunen anne Emscher? Dabei kannze nirnxwo besser staunen wie bei uns.
Reporter	Wirklich?
Dr. Antonia	Ja, hamse hier innet Ruhrgebiet noch nie einen staunen hörn?
Reporter	Nie.
Dr. Antonia	Boaa.
Reporter	Wie soll ich das verstehen?
Dr. Antonia	Wie ich et sach. Boaa. Dat is dat Wort, mit dat wir hier staunen tun.
Reporter	Boh?
Dr. Antonia	Nää. Nich boh. Bei Sie klingt dat so ippich. Könnse dat Mündken bein Staunen nich weiter offen machen?
Reporter	Bäh?
Dr. Antonia	Ich glaub, mich tritt en Schaf. Nää, nich bäh, boaa.

Reporter	Boa? Ist das nicht eine Schlange?
Dr.Antonia	Boaa äy, wat Sie allet wissen vonne Tierwelt.
Reporter	Boaäi? Da kann ich nur staunen, was Sie im Revier für Mundverrenkungen machen, wenn Sie staunen.
Dr.Antonia	Gednfallz hamse gezz schomma zugegeben, dattet hier bei uns wat zu staunen gibt.
Reporter	Also gut. Aber was sagt man denn an der Ruhr, wenn man nicht staunt, sondern enttäuscht ist.
Dr.Antonia	Wenn man enttäuscht ist?
Reporter	Jau äy.
Dr.Antonia	Mann äy.
Reporter	Mann äy?
Dr.Antonia	Jau äy. Wennze sauer bis, sachse nich boaa äy, sondern Mann äy, watten Mist.
Reporter	Mann äy, Frau Dr. Antonia Cervinski-Querenburg, Sie sind vleicht ne schlaue Frau äy.

Dr. Antonia ihr billiger Fahschein

Reporter	Frau Dr. Antonia Cervinski-Querenburg, was genau zeichnet das Ruhrgebiet aus? Und nun sagen Sie bitte nicht: die Sprache.
Dr. Antonia	Wisonnich? Wo dat doch genau dat is, wattat auszeichnet.
Reporter	Aber das Revier ist doch mehr als seine Sprache. Wenn Sie etwas ganz Typisches beschreiben sollten, wie würden Sie das tun?
Dr. Antonia	Auf Ruhrdeutsch natürlich …
Reporter	Frau Doktor …
Dr. Antonia	Is ja gut. Also, wat tut uns hier auszeichnen: Einma, datti dat Revier die ganze Struktur verwandelt ham, und dann, dat sich bei den ganzen Wandel nix verändert hat.
Reporter	Ich bin nicht ganz sicher, daß ich Sie richtig verstanden habe …
Dr. Antonia	Ich onnich.
Reporter	Also: Es hat ein Strukturwandel stattgefunden …
Dr. Antonia	… Hatter …
Reporter	… aber das Ruhrgebiet ist trotzdem ganz das alte geblieben.
Dr. Antonia	Herr Reporter, dat hamse schön gesacht.
Reporter	Dankeschön. Aber nun möchte ich einen Beleg für Ihre Behauptung.
Dr. Antonia	En Beleech? Mitten Fahschein kann ich Sie dienen.
Reporter	Bitte dienen Sie.

Dr.Antonia	Ich könnt Sie sonne typische Zene annen Fahschein-Schalter vorführn.
Reporter	Führen Sie vor.
Dr.Antonia	Fracht son Kunde den Beamten: Wat kost en Student? Sachter Beamte: Die Hälfte. Sachter Kunde: Ein Student und vier Normale.
Reporter	Aha.
Dr.Antonia	Aha? Hamse etwa dat Stücksken, dat ich Sie erzählt hab, gaa nich verstanden?
Reporter	Nun …
Dr.Antonia	Also: Dattat nu bei uns im Revier dat ganze Studentenwesen mitti Unis und die billigen Fahscheine gibt - dat is der Strukturwandel. Aber datter Vatter sacht, ein Student und vier Normale, dat is der Beleech, dattat irnxwie allet bein alten geblieben is.
Reporter	Frau Dr. Antonia Cervinski-Querenburg, für Sie Ihre Interjus würd ich mich sogaa en teuern Fahschein holen.

Dr. Antonia ihr Gipfel anne Ruhr

Reporter	Frau Dr. Antonia Cervinski-Querenburg, was halten Sie denn davon, daß der europäische Gipfel ins Ruhrgebiet kommt?
Dr.Antonia	Also, datti gezz schwer am Gubeln sind, kann ich verstehn.
Reporter	Am Gubeln?
Dr.Antonia	Jau. Datti sich auf dat Dingen freun.
Reporter	Und warum sollten die Leute im Ruhrgebiet jubeln?
Dr.Antonia	Na, wegen die sprachlichen Gründe.
Reporter	Wollen Sie damit andeuten, daß auf dem Gipfel Ruhrdeutsch gesprochen wird?
Dr.Antonia	Nich nur.
Reporter	Also doch ein bißchen! Glauben Sie etwa, daß der Mitterrand auch nur ein Wort Ruhrdeutsch spricht?
Dr.Antonia	Warum denn nich? Ganz ohne Ruhrdeutsch läuft hier donnix.
Reporter	Nicht mal beim Mitterrand? Was würde der denn auf Ruhrdeutsch sagen?
Dr.Antonia	Irnx ne schöne Mischung. Nehmwer ma an, der steht anne Würstkenbude. Dann sachter natürlich: Avezvous Pommfritz?
Reporter	Und was ist davon Ruhrdeutsch?
Dr.Antonia	Pommfritz natürlich! Oder halten Se dat etwa für französisch?
Reporter	Keineswegs. Aber Englands John Major spricht bestimmt kein Ruhrdeutsch.

Dr.Antonia	Wisodattenn nich? Wat soll der Dschon Mehdscher denn sagen, wenn er ma anne Theke steht?
Reporter	Ja, was denn?
Dr.Antonia	Gimmich en Whiskey and a Pilsken, please.
Reporter	Sind Sie ganz sicher, Frau Dr. Antonia, daß der John Major das sagen wird?
Dr.Antonia	Ganz sicher nicht. Vielleicht sagt er auch: The Kneips vonne Ruhr, dat sind the best.
Reporter	Wenn das der Mitterrand hört …
Dr.Antonia	Dann sagt der zu ihm: Qui, oui mon Schluckspecht, une Runde für meine töfte Kumpels.
Reporter	Well, Madame Antonia Cervinski-Querenburg, dat is der Gipfel, wat Sie mich heute für en Ruhrdeutsch auftischen.

Dr. Antonia ihr Rüttmus

Reporter	Frau Dr. Antonia Cervinski-Querenburg, was mich an der Sprache im Revier am meisten stört, ist ihre Behäbigkeit. Ich finde, das Ruhrdeutsch hat einfach keinen Rhythmus.
Dr.Antonia	Ja wisodattenn nu schon widder?
Reporter	Und eine Sprache, die keinen Rhythmus hat, ist für mich keine richtige Sprache.
Dr.Antonia	Da staun ich aber, Herr Reporter. Wat Sie so sagen, ährlich, nää. Da tu ich aber zimmich staunen.
Reporter	Ich fange auch langsam an zu staunen.
Dr.Antonia	Ja wisodattenn nu schon widder?
Reporter	Weil Sie so eigenartig sprechen. Ihr Tonfall ist so seltsam musikalisch.
Dr.Antonia	Mein lieben Herr Gesangverein. Wat Sie so sagen, ährlich, nää. Da tu ich aber zimmich staunen.
Reporter	Und warum, wenn ich bitten darf?
Dr.Antonia	Dat Sie dat immer nonnich schnallen, wat ich Sie so am vorführn bin.
Reporter	Sie wissen doch, daß ich ein etwas langsamer Schnaller bin. Was führen Sie mir denn vor?
Dr.Antonia	Ja, packt Sie denn den Rüttmus nich, mit den ich hier am quasseln bin?
Reporter	In der Tat! Es ist nicht nur der Tonfall, es ist der Rhythmus, mit dem Sie meine Verwunderung ausgelöst haben. Ja, ja, ich merke schon. Sie wollen mir vorführen, daß Sie Rhythmus haben.

Dr.Antonia	Klaa, will ich dat, dat Sie dat merken, dat dat en schönen Rüttmus hat, wat ich Sie am verklickern bin.
Reporter	Ich habe es gemerkt.
Dr.Antonia	Schön wär et ja, schön wär et ja. Nur ham Se't nonnich ganz geschnallt.
Reporter	Noch nicht? Was habe ich denn noch nicht gemerkt?
Dr.Antonia	Dat dat nich nur von mich den Rüttmus is. Dat dat den Rüttmus von dat ganze Ruhrdeutsch is. Denn wenne anne Emscher reden tus, dann is dat fast wie wenne'n Samba aufe Lippen hätts.
Reporter	Frau Dr. Antonia Cervinski-Querenburg, mit Sie Ihrn kessen Quasselsamba, da kriegen Se mich glatt noch am schwofen dran.

Dr. Antonia waacht sich am Rhein

Reporter	Frau Dr. Antonia Cervinski-Querenburg, ich höre immer wieder, daß es die Ruhrgebietssprache gar nicht gibt.
Dr.Antonia	Ich hör auch immer widder wat. Und wat ich hör, dat sacht mich, dat et dat Ruhrdeutsch wohl gibt.
Reporter	Sicher gibt es die Ruhrsprache. Aber wo wird sie richtig gesprochen? Das Ruhrdeutsch wird doch nicht überall gleich gesprochen!
Dr.Antonia	Näin.
Reporter	Wie bitte?
Dr.Antonia	Näin, hab ich jesacht.
Reporter	Das kommt mir verdächtig rheinisch vor.
Dr.Antonia	Wat häißt hier verdächtich? En Stück von et Ruhrjebiet liecht doch am Rhäin.
Reporter	Natürlich. Aber Duisburg ist ja nicht Kölle.
Dr.Antonia	Näin. In Duisburg weht nur sonne kläine rhäinische Sprachbrise rübber. Aber wat die da reden, is trotzdem Ruhrdeutsch.
Reporter	Ruhrdöitsch?
Dr.Antonia	Nu übertreiben Se ma nich, Herr Reporter, sonz komm ich Sie ma ganz westfälisch, woll!
Reporter	Woll? Ich sehe schon, Sie wollen heute die ganze Breite der Ruhrgebietssprache abschreiten.
Dr.Antonia	Wat soll ich? Die Breite vonne Sprache langmaschiern? Nää du, so wat Geschwollnet tu ich nich.

Reporter	Ist es ein Zufall, daß Sie das Geschwollene meiden, wenn Sie den westfälischen Sprachraum betreten? Ist man in Dortmund etwas deftiger, während man in Duisburg das Geschwollene weniger scheut?
Dr.Antonia	Also ährlich, Herr Reporter. Manchma können Sie einen mit Ihre komplezierte Sprach-Fillersofie ganz schön aum Wecker gehn. Dat Geschwollene interessiert mich nirnxwo, annen Rheinhafen nich und annen Westfalendamm onnich.
Reporter	Aber Sie geben zu, daß man im Revier nicht überall gleich spricht.
Dr.Antonia	Wat zugeben tu ich nur mit meinen Anwalt bei mich.
Reporter	Frau Dr. Antonia Cervinski-Querenburg, dat Sie nix zugeben wolln, is dat nu dat Westfälische in Sie oder dat Rhäinische?

Dr. Antonia ma so, ma so

Reporter	Frau Dr. Antonia Cervinski-Querenburg, ich glaube, ich sollte Sie nicht immer so beim Wort nehmen.
Dr.Antonia	Mich nich bein Wort nehmen? Wie kommen Se denn auf so wat drauf? Wo dat doch grade mitti Beiwörters in unser Ruhrdeutsch so spannend is.
Reporter	Beiwörters?
Dr.Antonia	Präppersitionen.
Reporter	Ich sagte, ich sollte Sie nicht immer so beim Wort nehmen. Über Präpositionen wollte ich gar nicht reden.
Dr.Antonia	Ich aber. Is doch spannend mitti Beiwörters.
Reporter	Also bitte, schießen Sie los.
Dr.Antonia	Vom Schießen halt ich nich soviel. Aber wie wär et mit ne Zene bein Essen?
Reporter	Guten Appetit.
Dr.Antonia	Ich tu da nich selber essen, sondern nur zuhörn. Wie da zum Beispiel so einen zu mich sacht: Dat Kleckern, dat gehört doch zum Essen dabei.
Reporter	Zum Essen dabei?
Dr.Antonia	Jau. Der hätt natürlich auch sagen können: Dat Kleckern, dat gehört bein Essen zu.
Reporter	Ja, was denn nun? Zum dabei oder bein zu?
Dr.Antonia	Ma so, ma so. Ma zum dabei, ma bein zu.
Reporter	Aber wenn es „zum dabei“ heißt, müßte es dann nicht auch „bein dazu“ heißen?

Dr.Antonia	Ehmt nich. „Bein zu“ is besser als „bein dazu“, weil et kürzer is. Wir innet Revier ham et lieber bißken kurz.
Reporter	Bißken? Heißt dat nicht „en bißken“?
Dr.Antonia	Ich sach Sie doch grade: Wir ham et lieber bißken kurz.
Reporter	Darum das „Bein zu“.
Dr.Antonia	Jau. Und mittat zue Bein gehnwer de Straße lang.
Reporter	Lang? Nicht: entlang?
Dr.Antonia	Ich sach Sie doch grade …
Reporter	Frau Dr. Antonia Cervinski-Querenburg, ich weiß, wo et lang geht. Mit wat Langet is bei Sie nix. Aber bei wat Kurzet sind Se gleich mit bei.

Dr. Antonia ihr töfter Weil-Hopser

Reporter	Frau Dr. Antonia Cervinski-Querenburg, das Komischste an Ihrem Ruhrdeutsch ist ja die Satzstellung.
Dr.Antonia	Sie gehn mich aum Wecker mit Ihre ewige Meckerei anne Ruhrsprache.
Reporter	Rum …
Dr.Antonia	Meinzwegen, anne Ruhrsprache rum.
Reporter	Ich wollte sagen: Rumdrucksen ist nun mal nicht meine Art. Ich bleibe dabei: Ruhrdeutsch-Sätze sind komisch.
Dr.Antonia	Watta komisch dran sein soll anne Ruhrdeutschsätze, dat möcht ich gerne ma wissen, Herr Reporter.
Reporter	Hören Sie sich selber mal zu! Wattadran, annedat. Das ist doch total verdreht.
Dr.Antonia	Sie stört doch nur unsern knackigen Ruhrrüttmus. Wattadran, annedat! Dat könnt doch glatt vonnen Drammer sein Schlachzeug kommen.
Reporter	Rhythmus? Holtidipolter nenn ich das!
Dr.Antonia	Dann zeich ich Sie ma wat ganz eimpfachet: unsern töften Weil-Hopser. Son Weil-Hopser is en Beispiel dafür, datte bei uns anne Ruhr mit ganz eimpfache Satzstellungen auskomms.
Reporter	Ich bin gespannt.

Dr.Antonia — Also, auf hochdeutsch tät dat heißen: Sie ist am tanzen, weil sie die Musik im Blut geht.

Reporter — Ich liebe Ihr Hochdeutsch. Und wie lautet der Hopser?

Dr.Antonia — Se is am tanzen, weil … die Musik gehtse im Blut.

Reporter — Frau Dr. Antonia Cervinski-Querenburg, ob dat Weil nu hopst oder nich: Im Blut geht die Musik auch mich.

Dr. Antonia ihr letztet Interju

Reporter	Frau Dr. Antonia Cervinski-Querenburg, …
Dr.Antonia	Jo? Wos issen?
Reporter	Jowosissen? Ja wat is dat denn für en komischen Schläng? Dat klingt ja dreckt bairisch.
Dr.Antonia	Jo, mai …
Reporter	Ja, wat is denn los mit Sie? Hat et Sie etwa de Ruhrsprache verschlagen?
Dr.Antonia	I woaß net.
Reporter	Mann äy, dat hätt ich nich von Sie gedacht. Dat ich aus Sie Ihrn Mund ma sonne unheimliche Geräusche hörn tät. Nää do.
Dr.Antonia	Jo, Herrgott sakra…
Reporter	Gezz fängtse onnoch am bairisch am fluchen. Frau Dokterken, Frau Dokterken. Hab ich Sie nich immer gesacht, dat Se dat ewige Rumreisen bleiben lassen solln? Gezz hamse sich doch glatt angesteckt mitti bairische Geräusche. Wissen Se, wodrauf ich nur noch waat? Dadrauf, dat Se hier onnoch am jodeln fangen.
Dr.Antonia	Hollodrio, driö, hüllü.
Reporter	Nää, dat tut mich richtig weh inne Ohrn. Dat is keine Ansteckung mehr, dat is schon ne unheilbare Krankheit, wat Se da am Balch ham.
Dr.Antonia	I hob nix. I bin pumperlgsund.

Reporter — Frau Dr. Antonia Cervinski-Querenburg, dat waa et wohl. Hätt ich nich gedacht, dat Sie ma Ihr schönet Ruhrdeutsch verlernen täten. Aber nu is et passiert. Also Schluß mitti Interjus. Mit Ihre neue Mundaat müssen Se sich en andern Reporter anlachen. Einen, der mitten Mikrofohn durche Berge pest.
Tut mich leid. Tschöckes.

Dr.Antonia — Pfüat Eahna.

Literatur aus dem Revier - LitRevier - Literatur aus dem Revier

Pierre-Hippolyte-L. Paillot
»Zuflucht Rhein/Ruhr«
Tagebuch eines französischen Emigranten, der vor 200 Jahren durch das Gebiet zwischen Rhein, Ruhr und Emscher reiste.

Chanan David
»Jahre die man nicht vergißt«
Geschichte einer jüdischen Familie - Flucht aus dem Ruhrgebiet der 30er Jahre, Leben in Israel, Rückkehr nach 56 Jahren.

Peter Stripp
»Rote Erde«
Die Familiensaga aus der Gründerzeit des Ruhrgebiets, nach der der gleichnamige Mehrteiler des WDR entstand.

Helmut Spiegel
»Ich schäbiges Frikadellchen«
Vom Kriegsausbruch bis zur Trümmerwelt der Nachkriegszeit - Erfolgsroman einer Kindheit und Jugend im Ruhrgebiet.

Karin Boehm
»Frau Malenki liebt Heinz Maegerlein«
Vom ersten Fernseher, von Kanalidylle und von Oswald Kolle - die Wiederauferstehung der 60er Jahre im Ruhrgebiet.

Die Ruhrgebietssprache im Viererpack

Jott Wolf
»Max und Moritz im Kohlenpott«
De Rotzigen vonne Ruhr - schnucklige Schoten frei nach Wilhelm Busch geverst und illustriert.

Rainer Bonhorst
»Dr. Antonia Cervinski-Querenburg«
Ruhrdeutsch mit der bekannten Sprachforscherin aus der WAZ.
Band 1: Daaf ich ma am Rotkohl?
Band 2: Daaf ich Sie die Foote küssen?

Werner Boschmann
»Lexikon der Ruhrgebietssprache«
1000 Worte Bottropisch und die Höhepunkte der deutschen Literatur - in reinem Ruhrdeutsch.

Gesamtverzeichnis beim
Verlag Henselowsky Boschmann
Kiek ut 20, 45359 Essen